BEI GRIN MACHT SICH IHR WISSEN BEZAHLT

- Wir veröffentlichen Ihre Hausarbeit, Bachelor- und Masterarbeit

- Ihr eigenes eBook und Buch - weltweit in allen wichtigen Shops

- Verdienen Sie an jedem Verkauf

Jetzt bei www.GRIN.com hochladen und kostenlos publizieren

Bibliografische Information der Deutschen Nationalbibliothek:

Die Deutsche Bibliothek verzeichnet diese Publikation in der Deutschen Nationalbibliografie; detaillierte bibliografische Daten sind im Internet über http://dnb.d-nb.de/ abrufbar.

Dieses Werk sowie alle darin enthaltenen einzelnen Beiträge und Abbildungen sind urheberrechtlich geschützt. Jede Verwertung, die nicht ausdrücklich vom Urheberrechtsschutz zugelassen ist, bedarf der vorherigen Zustimmung des Verlages. Das gilt insbesondere für Vervielfältigungen, Bearbeitungen, Übersetzungen, Mikroverfilmungen, Auswertungen durch Datenbanken und für die Einspeicherung und Verarbeitung in elektronische Systeme. Alle Rechte, auch die des auszugsweisen Nachdrucks, der fotomechanischen Wiedergabe (einschließlich Mikrokopie) sowie der Auswertung durch Datenbanken oder ähnliche Einrichtungen, vorbehalten.

Impressum:

Copyright © 2015 GRIN Verlag, Open Publishing GmbH
Druck und Bindung: Books on Demand GmbH, Norderstedt Germany
ISBN: 9783668492486

Dieses Buch bei GRIN:

http://www.grin.com/de/e-book/371246/kinder-und-jugendliteratur-zum-thema-erwachsenwerden-und-identitaetsfindung

Stefanie Loibingdorfer

Kinder- und Jugendliteratur zum Thema Erwachsenwerden und Identitätsfindung

GRIN Verlag

GRIN - Your knowledge has value

Der GRIN Verlag publiziert seit 1998 wissenschaftliche Arbeiten von Studenten, Hochschullehrern und anderen Akademikern als eBook und gedrucktes Buch. Die Verlagswebsite www.grin.com ist die ideale Plattform zur Veröffentlichung von Hausarbeiten, Abschlussarbeiten, wissenschaftlichen Aufsätzen, Dissertationen und Fachbüchern.

Besuchen Sie uns im Internet:

http://www.grin.com/

http://www.facebook.com/grincom

http://www.twitter.com/grin_com

Kolleg für Sozialpädagogik der Diözese Linz

SEMINARARBEIT DES ERSTEN SEMESTERS

DEUTSCH

KINDER- UND JUGENDLITERATUR ZUM THEMA ERWACHSENWERDEN / IDENTITÄTSFINDUNG

vorgelegt von
Stefanie Loibingdorfer

Linz, am 20. Oktober 2015

Inhaltsverzeichnis

Inhaltsverzeichnis 1
1. Das Kleine-ICH-BIN-ICH 2
    1.1. Inhalt 2
    1.2. Bild- und Textgestaltung 2
    1.3. Psychologische Gesichtspunkte 3
    1.4. Pädagogische Gesichtspunkte 3
    1.5. Soziologische Gesichtspunkte 4
    1.6. Eigene Meinung 4
2. Peinlich, peinlich, Alice 5
    2.1. Inhalt 5
    2.2. Bild- und Textgestaltung 5
    2.3. Psychologische Gesichtspunkte 5
    2.4. Pädagogische Gesichtspunkte 7
    2.5. Soziologische Gesichtspunkte 7
    2.6. Eigene Meinung 8
3. Ach, Schwester … Protokoll einer Liebe 9
    3.1. Inhalt 9
    3.2. Bild- und Textgestaltung 9
    3.3. Psychologische Gesichtspunkte 10
    3.4. Pädagogische Gesichtspunkte 11
    3.5. Soziologische Gesichtspunkte 11
    3.6. Eigene Meinung 12
4. Quellenverzeichnis 13

1. Das Kleine-ICH-BIN-ICH

"*Das Kleine-ICH-BIN-ICH*" ist eines der bekanntesten deutschsprachigen Kinderbücher und ist 1972 im Verlag Jungbrunnen Wien-München erschienen. Der Text wurde von Mira Lobe verfasst, die Idee und die bildnerische Gestaltung stammen von Susi Weigel.

1.1. Inhalt

"Das Kleine-ICH-BIN-ICH" ist ein Phantasietier, das ein zufriedenes und glückliches Leben auf einer Blumenwiese führt und mit sich selbst und seiner Umwelt im Reinen ist. Eines Tages begegnet ihm auf einem Spaziergang ein Laubfrosch, der das kleine bunte Tier fragt, welches Tier es denn überhaupt sei. Auf diese Frage weiß es keine Antwort und es beschließt, die Blumenwiese zu verlassen und ein anderes Tier danach zu fragen. Zuerst geht es zur Pferdefamilie, doch obwohl seine Haare ähnlich den Pferdemähnen sind, kann es aufgrund der kurzen Beine und der langen Ohren kein Pferd sein. So geht es weiter und sucht nach Tieren, die Ähnlichkeiten mit ihm haben. Es fragt die Kuh, das Schaf, die Ziege, die Fische, das Nilpferd, den Papagei und die Hunde, doch keines sieht genauso aus wie das kleine bunte Tier. Traurig und niedergeschlagen geht es allein durch die Straßen und glaubt, gar nichts zu sein. Doch plötzlich wird ihm bewusst, dass es einfach es selbst ist, nämlich das ICH-BIN-ICH. Daraufhin läuft es zu den anderen Tieren, die es nun alle als "Das Kleine-ICH-BIN-ICH" akzeptieren.

1.2. Bild- und Textgestaltung

Der Großteil des Buches besteht aus der Verbildlichung der Geschichte. Die einzelnen Tiere werden durch die bildliche Darstellung von Emotionen kindgerecht, jedoch sehr detailliert in deren tatsächlicher Erscheinung dargestellt. Besonders auffallend ist die Tatsache, dass abwechselnd mit farbigen und schwarz-weißen Bildern gearbeitet wird. Am Anfang und am Ende des Buches befindet sich eine detaillierte und gut verständliche Bastelanleitung für ein "Kleines-ICH-BIN-ICH".
Die Texte sind, wie es für ein Kinderbuch üblich ist, eher kurz gehalten. Bis auf einige wenige Ausnahmen wird der Text nur auf einer Seite mit den Bildern kombiniert. Die andere Hälfte der Doppelseite besteht meist nur aus der bildlichen Darstellung des Geschriebenen. Der Text ist kreativ gestaltet und wirkt durch das häufige Verwenden von Reimen und direkten Reden sehr lebendig und ansprechend auf Kinder.

1.3. Psychologische Gesichtspunkte

Das Hauptthema des Kinderbuches ist die Identitätsfindung. Es wird das Interesse an der eigenen Persönlichkeit geweckt und die Kinder werden darauf aufmerksam gemacht, dass es in Ordnung ist, anders zu sein. Im Zuge dessen wird auch die Akzeptanz thematisiert, denn angenommen werden setzt natürlich voraus, andere anzunehmen. Grundsätzlich sind Kinder mit sich selbst im Reinen und beginnen bereits sehr früh, die eigene Persönlichkeit, sowie Wertvorstellungen zu entwickeln. Dieser Prozess ist ein Frühstadium der Identitätsfindung, die Heranwachsende bis ins Erwachsenenalter beschäftigt und wird in den ersten Lebensjahren von einem gesunden Selbstbewusstsein begleitet. Erst durch den verstärkten Kontakt zu anderen gleichaltrigen Kindern, zum Beispiel im Kindergarten, kommt es zu Unsicherheiten bezüglich der eigenen Persönlichkeit, da die Kinder in diesem Alter Anderem und Unbekanntem gegenüber in den meisten Fällen noch wenig Toleranz zeigen. Es kommt dadurch zu Ausgrenzungen, sowie zu verbalen Verletzungen. Dieses Buch ist besonders gut für Kinder geeignet, die aufgrund der sozialen Umwelt bezüglich ihrer Person verunsichert sind und selbst schon Ausgrenzung erlebt haben. Durch die Identifikation mit dem „Kleinen-ICH-BIN-ICH" lernen sie, dass Einzigartigkeit etwas Positives ist und sie können sich dadurch selbst besser annehmen.

Es wird jedoch nicht nur mit kognitiven Aspekten gearbeitet, sondern auch im kreativen Bereich. Die Bastelanleitung, welche im Buch integriert ist, gibt den Kindern die Möglichkeit ein „Kleines-ICH-BIN-ICH" herzustellen. Es werden zudem starke Emotionen und Stimmungen dargestellt, wie zum Beispiel Unsicherheit, Trauer und Freude, die die Kinder meist schon selbst erlebt haben. Die Beschäftigung mit diesen bereits erlebten Emotionen hilft den Kindern, eigene emotionale Erfahrungen, insbesondere im negativen Bereich, zu verarbeiten.

1.4. Pädagogische Gesichtspunkte

Das Buch soll Kinder motivieren, sich mit sich selbst zu beschäftigen. Das Einholen anderer Meinungen ist zwar wichtig, doch letztendlich muss die eigene Persönlichkeit selbst kreiert werden. Diese Identitätsfindung kann unterstützt werden, indem man den Kindern die Möglichkeit gibt, Verantwortung für sich selbst zu übernehmen. Weiters wird die Toleranz geschult, welches eines der zentralen Themen beim Erwerb sozialer Kompetenzen ist. Die Kinder lernen, dass man andere akzeptieren muss, auch wenn ein Teil derer Persönlichkeit nicht den eigenen Wertvorstellungen entspricht. Um diese Akzeptanz fördern zu können, müssen die Kinder frei von Vorurteilen und offen für Neues sein. Die Kinder können diesbezüglich jedoch nur unterstützt werden, wenn die Bezugspersonen ihnen dieses Verhaltensmuster vorleben.

1.5. Soziologische Gesichtspunkte

Die Autorin möchte im Sinne der Identitätsfindung gesellschaftsstabilisierend wirken. Dieser Prozess erfordert in den meisten Fällen viel Zeit und Energie, ist jedoch für jeden bewältigbar und ein notwendiger Bestandteil des Erwachsenwerdens. Da die Notwendigkeit der Toleranz in unserer heutigen Gesellschaft im theoretischen Sinn zwar den meisten Menschen bewusst ist, jedoch im täglichen Leben auch von vielen Erwachsenen nur teilweise praktiziert wird, kann man hier von gesellschaftsverändernden Absichten der Autorin sprechen. Aufgrund der Tatsache, dass unsere heutige Gesellschaft noch immer von starken Vorurteilen geprägt ist, zum Beispiel in ethnischer und religiöser Hinsicht, stimmt das Erziehungsziel der Akzeptanz und Toleranz nicht mit der Realität überein. Somit werden auch soziale Probleme thematisiert. „Das Kleine-ICH-BIN-ICH" befindet sich beinahe die ganze Geschichte über in der Außenseiterrolle, da es wegen seiner äußeren Erscheinung zu keiner Tierrasse passt. Aus diesem Grund beginnt das kleine bunte Tier sogar seine eigene Existenz zu hinterfragen. Dies bringt es jedoch zu der Erkenntnis, dass sein Dasein unbestreitbar ist und es gewinnt neues Selbstvertrauen. Erst am Ende der Geschichte wird es von den anderen Tieren als Ihresgleichen akzeptiert und in die große Gemeinschaft der Tiere integriert.

1.6. Eigene Meinung

Ich kann dieses Kinderbuch auf jeden Fall weiterempfehlen, da es auf kindgerechte Weise wichtige soziale und persönlichkeitsbildende Aspekte behandelt. Die kreative und außergewöhnliche textliche Umsetzung der Geschichte gibt dem/der Vorlesenden die Möglichkeit zur lebendigen Gestaltung des Vortrags, während die bildliche Umsetzung der Geschichte zudem stark die Phantasie der Kinder anregt. Weiters weiß ich aus eigener Erfahrung, sowohl aus der Sicht des Kindes, als auch aus jener der Erwachsenen, dass die Geschichte des kleinen bunten Tieres bei Kindern sehr gut ankommt und immer wieder gern gehört wird.

2. Peinlich, peinlich, Alice

Peinlich, peinlich, Alice ist ein Jugendbuch von Phyllis Reynolds Naylor. Die Originalausgabe ist 1985 in den USA bei Simon & Schuster unter dem Titel „The agony of Alice" erschienen. Die deutschsprachige Version folgte 1999 im Loewe Verlag. *Peinlich, peinlich, Alice* bildet den Anfang einer langen Reihe von Alice-Büchern.

2.1. Inhalt

Die elfjährige Alice lebt mit ihrem Vater und ihrem älteren Bruder Lester zusammen. Da ihre Mutter gestorben ist als Alice vier Jahre alt war, hat sie im engeren Familienkreis keine weibliche Bezugsperson. Nach dem Umzug der Familie in eine neue Stadt beschließt sie deshalb, eine Mutter zu adoptieren, die sie zum Beispiel beim ersten BH-Kauf oder dem ersten Liebesbrief beraten und unterstützen soll. Am ersten Schultag in der neuen Schule, trifft sie auf die schöne und beliebte Lehrerin Miss Cole. Ihr größter Wunsch, sie als Klassenlehrerin zu bekommen, geht jedoch nicht in Erfüllung, stattdessen wird sie nun von der unattraktiven Mrs. Plotkin unterrichtet. Alice versucht mit allen Mitteln in Miss Coles Klasse zu kommen, um sie in weiterer Folge adoptieren zu können – doch vergeblich. Im Laufe des Schuljahres kommt es unter anderem dadurch zu vielen peinlichen Situationen, doch Alice erkennt letztendlich, dass innere Werte viel wichtiger sind als Attraktivität und sie beginnt zu der ihr anfangs verhassten Mrs. Plotkin Sympathie und tiefes Vertrauen aufzubauen.

2.2. Bild- und Textgestaltung

Das Cover des Buches verbildlicht eine im Text beschriebene Situation. Dabei öffnet Alice in einem Jeansladen versehentlich die falsche Kabine und sieht dort einen nackten Jungen in Unterhosen stehen, was ihr natürlich äußerst peinlich ist. Im Text selbst sind keine Bilder enthalten.

Der Text ist in Kapitel unterteilt, die nicht nur nummeriert, sondern auch alle mit Kapitelüberschriften versehen sind. Die gesamte Geschichte wird aus der Sicht von Alice erzählt und besteht somit zu einem großen Teil aus den Gedanken und Emotionen der Protagonistin. Aufgrund dessen ist die Erzählsprache sehr jugendlich und witzig.

2.3. Psychologische Gesichtspunkte

Die Geschichte von Alice regt Kinder und Jugendliche an, sich mit dem Thema Erwachsenwerden zu beschäftigen. Da in erster Linie der emotionale und körperliche

Reifungsprozess eines Mädchens behandelt wird, ist das Buch vor allem für junge weibliche Leserinnen geeignet. Die Protagonistin befindet sich in der Übergangsphase vom Kind zur Jugendlichen. Aus diesem Grund kommt es bei ihr zu geistigen und körperlichen Veränderungen. Die Figur der Alice kann für junge Leserinnen als eine Art Freundin oder Gleichgesinnte gesehen werden, die im langwierigen und komplizierten Prozess des Erwachsenwerdens mit denselben Problemen und Ängsten zu kämpfen hat. Für junge Menschen ist in diesem Alter vor allem ein weibliches Vorbild von großer Bedeutung, da meist große Unsicherheiten im Bezug auf die körperlichen und emotionalen Veränderungen auftreten. Viele Mädchen suchen sich deswegen Ideale, denen sie nacheifern können. Äußerlichkeiten und fremde Wertvorstellungen werden aufgrund von Unsicherheit und Angst vor Ausgrenzung übernommen, während innere Werte an Bedeutung verlieren. Es ist den Mädchen wichtig, von anderen angenommen zu werden, da sie selbst noch Schwierigkeiten mit sich haben. Dieses Stadium gehört ebenfalls zur Identitätsfindung und somit zum Erwachsenwerden dazu. Erst wenn die Mädchen ihren „neuen" Körper akzeptieren und emotional reifen, wachsen auch der Mut und der Drang die eigene Persönlichkeit zu entdecken und sich fern von fremden Einstellungen und Wertvorgaben selbst zu entdecken. In der Anfangsphase der Pubertät haben die Heranwachsenden üblicherweise mit einer Vielzahl von Gefühlen und neuen Situationen zu kämpfen und es beginnt nun vieles peinlich zu werden. Auch im Buch wird dieses Überempfinden für Verlegenheit stark thematisiert, da die Protagonistin von einer peinlichen Situation zur nächsten rutscht. Durch die starke Thematisierung von inneren und äußeren Werten werden die Kinder und Jugendlichen für soziale Wertvorstellungen sensibilisiert. Es wird versucht ihnen bewusst zu machen, dass eine schöne Hülle auch einen faulen Kern haben kann und man sich nicht auf Äußerlichkeiten reduzieren darf, denn das Aussehen lässt oft nicht auf den tatsächlichen Charakter eines Menschen schließen. Weitere Denkprozesse, die bei jungen Leserinnen des Buches ausgelöst werden, bilden die Beschäftigung mit den ersten körperlichen und geistigen Veränderungen, die bei Mädchen am Beginn der Pubertät auftreten. Im ersten Buch der Alice-Reihe werden die Brustentwicklung, die erste Monatsblutung und erste Erfahrungen mit der Liebe, jedoch noch nicht auf körperlicher und sexueller Basis, behandelt.

2.4. Pädagogische Gesichtspunkte

Die Geschichte von Alice zeigt, dass die Suche nach Vorbildern für Heranwachsende etwas sehr wichtiges und natürliches ist. Das Buch lehrt sie jedoch, dass deren Auswahl nicht nur nach äußerlichen Kriterien, sondern vor allem aufgrund innerer Werte erfolgen soll. Dies ist für die Kinder und Jugendlichen ein wichtiger Schritt, um zu lernen, selbst Verantwortung für das eigene Denken und Handeln zu übernehmen. Im Kleinkindalter werden in erster Linie die Wertvorstellungen der Eltern oder anderer Bezugspersonen übernommen und kaum hinterfragt. Doch da die Heranwachsenden keine Kopie ihrer Bezugspersonen sind, ist es wichtig, eigene Einstellungen zu entwickeln. Dazu werden andere Vorbilder benötigt und es ist die Aufgabe der Bezugspersonen, die Kinder und Jugendlichen nicht an die eigenen Vorstellungen zu fesseln, sondern ihnen die Freiheit zur persönlichen Wertentwicklung zu geben, die unumgänglich für die Identitätsfindung ist. In unserer heutigen Gesellschaft fällt es vielen Eltern schwer, diese Veränderungen in den Wertvorstellungen der eigenen Kinder zu akzeptieren. Aus diesem Grund kommt es unter anderem oft zu Schwierigkeiten und Disputen im Familienkreis. Aus eigener Erfahrung weiß ich, dass sich der Prozess der Identitätsfindung hinauszögern kann, wenn die Bezugspersonen den eigenen Kindern in der Pubertät nicht die Möglichkeit geben, andere Sichtweisen kennenzulernen bzw. nicht bereit sind, diese zu akzeptieren.

2.5. Soziologische Gesichtspunkte

Die Autorin möchte gesellschaftsverändernd wirken, indem sie in ihrem Buch äußerlich unattraktive Charaktere mit vielen sozialen Kompetenzen, innerer Schönheit und einem warmen Charakter darstellt, während attraktive Charaktere eher zu Oberflächlichkeit tendieren. Unsere heutige Gesellschaft versteift sich zunehmend auf Äußerlichkeiten. Darum möchte Naylor besonders bei Heranwachsenden das Bewusstsein stärken, der äußerlichen Erscheinung nicht so viel Bedeutung beizumessen.

Die Protagonistin befindet sich aufgrund des Wohnortwechsels am Beginn der Geschichte in der Außenseiterrolle, die sie in abgeschwächter Weise auch bis zum Ende des Buches einnimmt. Sie macht zwar schnell Bekanntschaften mit anderen gleichaltrigen Mädchen, es entstehen jedoch noch keine tiefen Freundschaften, da Alice auf andere Bereiche, wie zum Beispiel die Suche nach einem weiblichen Vorbild, fixiert ist. Darum wird das Thema der Mädchenfreundschaften, welches auch in der frühpubertären Phase von großer Bedeutung ist, im ersten Buch der Alice-Reihe etwas ausgeklammert.

2.6. Eigene Meinung

Meiner Meinung nach behandelt die Alice-Reihe auf witzige und altersgerechte Weise Themen, die alle Mädchen in der frühpubertären Phase beschäftigen. Für mich waren die Alice-Bücher früher eine große Bereicherung, da ich mich mit der Hauptfigur gut identifizieren konnte. Auch heute lese ich gerne noch diese Bücher, da sie kurzweilig und sehr witzig geschrieben sind. Spannend sind vor allem meine persönlichen Veränderungen in der Sichtweise der im Buch behandelten Probleme im Gegensatz zu früher. Einige erscheinen mir jetzt völlig belanglos, andere bestehen auch heute noch in einer veränderten Form. Aufgrund der eben angeführten Tatsachen kann ich die Alice-Bücher jungen Leserinnen wirklich sehr empfehlen.

3. Ach, Schwester ... Protokoll einer Liebe

Ach, Schwester ... Protokoll einer Liebe ist ein Jugendbuch von Brigitte Blobel, welches 1987 im Franz Schneider Verlag erschienen ist.

3.1. Inhalt

Der Roman handelt von der fünfzehnjährigen Daphne, die zum ersten Mal verliebt ist. Sie steht in regem Briefverkehr mit ihrer älteren Schwester Micha, die in einer anderen deutschen Stadt Medizin studiert. Die beiden Schwestern haben ein inniges Verhältnis und Daphne kann Micha alle ihre Sorgen, Ängste und Zweifel anvertrauen, sowie sämtliche Fragen stellen, die ihr auf dem Weg zu einer gesunden Sexualität und einer reifen Liebesbeziehung begegnen. Micha versucht ihrer kleinen Schwester durch ihre Erfahrung mit Rat zur Seite zu stehen. Am Beginn des Romans legt sie Daphne ans Herz, nicht sofort mit ihrem Benny zu schlafen, sondern ihn vorher erst einmal kennenzulernen. In weiterer Folge klärt sie Daphne über Verhütungsmittel und den weiblichen und männlichen Körper auf, gibt aber auch nützliche Ratschläge im zwischenmenschlichen Bereich, die für eine funktionierende Liebesbeziehung notwendig sind. Micha wird für ihre Schwester zu einer wichtigen Stütze, der sie ihre intimsten Gedanken und Fragen anvertrauen kann. Schlussendlich kann sich aus der anfänglichen Verliebtheit aufgrund zahlreicher Höhen und Tiefen eine standhafte Liebesbeziehung entwickeln.

3.2. Bild- und Textgestaltung

Da meine Ausgabe von *Ach, Schwester ... Protokoll einer Liebe* zwei Romane von Brigitte Blobel enthält, bezieht sich das Bild auf dem Cover auf beide Romane. Es zeigt zwei junge Menschen, die sich verliebt in die Augen schauen. Im Text sind keine Bilder integriert.

Der gesamte Roman ist in Briefform geschrieben und wird somit abwechselnd aus der Sicht von Daphne und ihrer älteren Schwester Micha erzählt. Daphnes Sprache ist sehr jugendlich, es kommen für die Zeit, in der der Roman verfasst wurde, moderne Ausdrücke vor (z.B.: Fete) und der Inhalt des Geschriebenen ist sehr emotional, gefühlsbetont und lässt eine gewisse Hektik erkennen. Micha dagegen schreibt sehr sachlich und das Geschriebene beinhaltet die Ruhe, die den Briefen ihrer ständig aufgewühlten Schwester fehlt. Es gibt keine Kapitelaufteilungen.

3.3. Psychologische Gesichtspunkte

Der Roman beschäftigt sich mit dem emotionalen und körperlichen Reifeprozess, den eine Jugendliche auf dem Weg zur Frau durchleben muss. Die Entdeckung und Akzeptanz der eigenen Sexualität ist dabei eines der zentralen Themen. Somit spielt die sexuelle Aufklärung der jungen Leserinnen in diesem Roman eine große Rolle. Die Protagonistin wird sehr naiv und unaufgeklärt dargestellt, obwohl sie schon fünfzehn Jahre alt ist. Dies lässt sich dadurch erklären, dass der Roman vor fast dreißig Jahren geschrieben wurde. Damals wurde mit dem Thema Sexualität offenbar noch nicht so offen umgegangen wie heute. Aufklärung beginnt in der heutigen Gesellschaft schon in der Volksschule und wird auch in höheren Schulen noch des Öfteren behandelt. Außerdem kann heute bei Fragen und Unklarheiten diesbezüglich das Internet verwendet werden, welches in kürzester Zeit zahlreiche Informationen liefert. Die Autorin versucht jungen Mädchen verständlich zu machen, dass die Entdeckung der eigenen Sexualität eine besonders aufregende und schöne Zeit des Lebens ist, die aber auch einige Zeit in Anspruch nimmt. Deshalb sollte der erste Geschlechtsverkehr aufgrund eines ungeduldigen Sexualpartners nicht überstürzt stattfinden, sondern erst, wenn man sich selbst körperlich und geistig dazu bereit fühlt, denn das erste Mal kann etwas sehr Schönes sein, wenn es zur rechten Zeit und aus den richtigen Gründen stattfindet. Die Leserinnen werden auch über gängige Verhütungsmittel informiert. Im Vordergrund steht die Pille, da sie für viele Mädchen die erste Wahl ist. Es wird im Roman aber auch vor der Tatsache gewarnt, dass die Pille für sehr junge Mädchen, deren Zyklus noch nicht regelmäßig ist, aufgrund der Hormonzufuhr schädlich sein kann. Weiters wird den Leserinnen die Angst vor dem ersten Frauenarztbesuch genommen, indem der ungefähre Ablauf im Roman geschildert wird.

Da sich die Protagonistin in einem starken Gefühlschaos befindet, wird eine Vielzahl an starken positiven und negativen Stimmungen geschildert. Die Palette reicht von Euphorie und unfassbarem Glück bis hin zu wochenlanger Trauer und Ratlosigkeit, sowie Wut, Verständnislosigkeit, Angst und Unsicherheit. Seitens ihrer älteren Schwester bekommt die Protagonistin Ratschläge für das zwischenmenschliche Zusammenleben. Somit wird auch die soziale Entwicklung der Leserinnen stimuliert, indem für sie verständlich wird, dass in einer Beziehung Toleranz und Rücksichtnahme auf die Bedürfnisse und Wünsche des Partners oder der Partnerin vorhanden sein müssen, auch wenn sie nicht den eigenen Vorstellungen entsprechen. Weiters wird im Roman die verbale Kommunikation behandelt, da viele junge Paare dazu neigen, Probleme in einer frischen Beziehung nicht anzusprechen, die dann früher oder später in Konflikten oder sogar Trennungen enden. Die Autorin möchte junge Leserinnen ermutigen, über Unstimmigkeiten im frühen Stadium zu sprechen, um unangenehme Folgen zu vermeiden.

3.4. Pädagogische Gesichtspunkte

Der Roman soll junge Mädchen von überstürztem Geschlechtsverkehr abhalten, da er meist ohne Verhütung stattfindet und keine schöne Erfahrung ist, wenn man sich einerseits geistig noch nicht mit dem eigenen Körper und der Sexualität auseinandergesetzt hat und andererseits den Sexualpartner nicht gut kennt. Um dieses Bewusstsein bei den Leserinnen zu wecken, werden seitens der älteren Schwester im Roman diesbezüglich Begebenheiten aus ihrer eigenen Jugend erzählt, die durch deren schlechten Ausgang abschreckend auf junge Mädchen wirken sollen. Ich finde die Idee zwar gut, theoretische Behauptungen mit praktischen Beispielen zu belegen, da die Warnung dadurch glaubhafter und realer wird, aber meiner Meinung nach muss jeder selbst entscheiden, wann und wie das erste Mal passieren soll, da nicht jeder die gleichen Erwartungen an den ersten Geschlechtsverkehr hat. Das erste Mal muss nicht sofort für jeden perfekt sein, sondern kann sich durch Ausprobieren mit der Zeit zu einem stimmigen Erlebnis entwickeln. Bezüglich der Notwendigkeit der Verhütung gebe ich der Autorin jedoch recht.

3.5. Soziologische Gesichtspunkte

Die Autorin möchte jungen Mädchen die Angst vor dem Erwachsenwerden und den damit verbundenen Veränderungen nehmen. Ihr Roman soll für junge Mädchen eine Stütze und Hilfe sein, die keine ältere Bezugsperson haben, der sie ihre intimen Fragen stellen können. In unserer heutigen Gesellschaft wird jedoch schon viel offener mit dieser Thematik umgegangen, als zur Entstehungszeit des Romans. Somit gibt es genug Möglichkeiten für junge Menschen, Informationen zu dieser Thematik zu bekommen. Da es durch diesen offenen Umgang mit der Sexualität jedoch auch vermehrt bei jungen Mädchen zu ungewollten Schwangerschaften kommt, möchte die Autorin in dieser Hinsicht gesellschaftsverändernd wirken, auch wenn der Grund für häufige ungewollte Schwangerschaften früher eher Unwissenheit war. Somit behandelt die Autorin durchaus ein Problem der heutigen Gesellschaft. Da man sich im Roman auf die Aufklärung konzentriert, werden wichtige Bereiche des Lebens einer

Jugendlichen zum Teil oder komplett ausgeklammert. Das Thema der Mädchenfreundschaften, das in der Pubertät für die meisten Mädchen von großer Wichtigkeit ist, wird nur am Beginn des Romans kurz behandelt, auch Schule und Freizeit werden kaum angesprochen.

Im Roman wird die fünfzehnjährige Daphne als Lernende dargestellt, während ihre ältere Schwester die Position der Lehrenden einnimmt. Es besteht also ein typisches Schüler-Lehrer- bzw. Eltern-Kind-Verhältnis. Man kann sich somit als jugendliche, sowie als erwachsene Leserin mit einer der beiden Schwestern identifizieren.

3.6. Eigene Meinung

Mir waren im Buch zu viele wissenschaftliche Aspekte und Inhalte vorhanden. Man hat das Gefühl, ständig belehrt zu werden und kann das Lesen der Geschichte somit nicht richtig genießen. Außerdem sind mir die Charaktere zu übertrieben dargestellt. Die extremen und schnell wechselnden Stimmungen der Protagonistin werden mit der Zeit lästig und langweilig, während auf der anderen Seite die sachliche und alles andere als gefühlsbetonte Art der älteren Schwester für eine Zweiundzwanzigjährige wenig glaubhaft und etwas arrogant wirkt. Man hat das Gefühl, dass sie sämtliche Erfahrungen des Lebens in ihren jungen Jahren schon gemacht hat und bei jedem Thema glaubt, alles zu wissen.

Trotzdem ist dieser Roman meiner Meinung nach eine bessere Wahl, als ein trockenes, sachliches Aufklärungsbuch.

4. Quellenverzeichnis

Blobel, B. (1987). Ach, Schwester…Protokoll einer Liebe. München: Franz Schneider Verlag.

Lobe, M. (1972). Das kleine Ich-bin-ich. Wien-München: Verlag Jungbrunnen.

Reynolds Naylor, Ph. (1999). Peinlich, peinlich, Alice. Bindlach: Loewe Verlag.

BEI GRIN MACHT SICH IHR WISSEN BEZAHLT

- Wir veröffentlichen Ihre Hausarbeit, Bachelor- und Masterarbeit

- Ihr eigenes eBook und Buch - weltweit in allen wichtigen Shops

- Verdienen Sie an jedem Verkauf

Jetzt bei www.GRIN.com hochladen und kostenlos publizieren